LA BIBLE DANS LES MOMENTS DIFFICILES

SAGESSE ET CONSEILS BIBLIQUES POUR SURMONTER LES PROBLÈMES DU QUOTIDIEN

GABRIEL DANIEL ROCHER

DP ÉDITIONS

TABLE DES MATIÈRES

PROBLÈMES
RELATIONNELS

Ta parole est une lampe à mes pieds, et une lumière sur mon sentier.

— PSAUME 119:105

LA BIBLE, UNE ŒUVRE À LIRE EN CHAQUE INSTANT

> *« Que ce livre de la loi ne*
> *s'éloigne point de ta bouche ;*
> *médite-le jour et nuit, pour*
> *agir fidèlement selon tout ce*
> *qui y est écrit ; car c'est alors*
> *que tu auras du succès dans*
> *tes entreprises, c'est alors*
> *que tu réussiras. »*

> —JOSUÉ 1:8

La Bible a le pouvoir de vous transformer. Elle est un moyen privilégié d'entrer en relation avec Dieu et de grandir spirituellement. Elle peut être lue individuellement, en groupe d'étude biblique ou en communauté de croyants. Elle permet aux fidèles de méditer sur ses enseignements et d'appliquer ses principes dans leur vie quotidienne.

Chaque jour, de nouvelles difficultés se présentent à vous. La vie n'a jamais de cesse de poser des obstacles sur votre chemin, obstacles qui interrogent votre foi et vous poussent parfois dans la confusion, la souffrance et le malheur. Pourtant, Dieu est toujours à vos côtés et la Bible regorge d'enseignements qui vous aident à traverser les moments les plus difficiles.

Ce petit ouvrage propose à ses lecteurs une sélection de passages issus de la Bible qui ont été classés en fonction des problèmes que tout un chacun peut rencontrer au quotidien. Il peut en effet vous arriver d'être triste, fatigué(e), mécontent(e). Vous pouvez parfois vous sentir seul(e), éprouver de la peur, de la souffrance ou avoir des problèmes relationnels avec vos proches. Face à toutes ces difficultés du quotidien, la Bible constitue une ressource inépuisable de sagesse et de conseils qui vous aideront à surmonter les pires épreuves.

Il ne s'agit pas ici d'un recueil exhaustif. Notre intention est de vous inciter, en utilisant des exemples concrets, à lire attentivement la Bible dans son intégralité afin d'y trouver inspiration, encouragement et renforcement de votre foi.

G.D.R - 2023

Les passages cités dans cet ouvrage sont issus de la Bible Louis Segond qui offre une traduction largement diffusée dans les pays francophones. Elle est réputée pour sa fidélité au texte original en hébreu et en grec.

LA SOUFFRANCE

« *Il essuiera toute larme de leurs*
yeux, et la mort ne sera plus,
et il n'y aura plus ni deuil,
ni cri, ni douleur, car les
premières choses ont
disparu. »

— APOCALYPSE 21:4

> *« Même quand je marche dans
> la vallée de l'ombre de la
> mort, je ne crains aucun
> mal, car tu es avec moi : ta
> houlette et ton bâton me
> rassurent. »*

—PSAUME 23:4

> *« Heureux les affligés, car ils
> seront consolés ! »*

—MATTHIEU 5:4

Le premier verset se trouve dans le livre de l'Apocalypse, le dernier livre du Nouveau Testament de la Bible. Il fait référence à un futur où Dieu essuiera toutes les larmes des yeux de ceux qui appartiennent à son royaume et mettra fin à toute tristesse, douleur et souffrance. Dès lors, la mort ne sera plus présente et la vie éternelle sera accordée aux croyants qui pourront accéder à un état de paix et de bonheur parfait. Dieu promet ainsi de mettre fin à la douleur et à la souffrance en offrant la vie éternelle à ceux qui croient en lui, offrant à celles et ceux qui souffrent une vision de réconfort et d'espoir.

Même si vous êtes dans la souffrance et que le quotidien vous est difficile à supporter, il ne faut jamais perdre espoir car la douleur finira par disparaitre. Par la pratique de la prière et l'entretien de votre foi, vous trouverez la force nécessaire pour surmonter les moments difficiles du présent, tout en gardant bien à l'esprit que Jésus a promis une vie éternelle dépourvue de douleur à ceux qui croient en lui.

Le célèbre psaume 23 dont est issu le second verset est un psaume de réconfort et d'encouragement. Il nous rappelle que même lorsque vous marchez dans la vallée de la mort, métaphore désignant les périodes les plus effrayantes et douloureuses de l'existence, Dieu reste à vos côtés. Vous n'avez dès lors aucune crainte à avoir car sa houlette et son bâton vous apportent soutien, à la manière dont un berger guide et protège son troupeau.

Les croyants ne craignent donc aucun mal, aucune souffrance, car ils placent leur confiance en Dieu et savent que la douleur n'est que passagère puisque les affligés, en particulier ceux qui sont dans la détresse et la souffrance, finiront par être consolés (Matthieu 5:4).

LA DÉCEPTION

*« L'Éternel est près de ceux qui
ont le cœur brisé, et il sauve
ceux qui ont l'esprit dans
l'abattement. »*

— PSAUME 34:18

Ce psaume est écrit par David qui, exprimant sa reconnaissance envers Dieu, partage son expérience de la protection et de la délivrance qui lui a été accordée par le Seigneur.

Il affirme que l'Éternel est proche de celles et ceux qui traversent des moments difficiles et sont dans la détresse émotionnelle, affligés par des sentiments tels que le chagrin, le remords ou la déception. Il souligne également que Dieu sauve ceux qui ont l'esprit dans l'abattement. Si vous êtes accablé(e) par les aléas de la vie, l'Éternel reste à vos côtés et vous encourage.

Ce psaume nous rappelle que Dieu est un Dieu compatissant et aimant, prêt à secourir ses enfants. Si vous avez l'esprit abattu, que vous vous sentez découragé(e) et aux prises avec un sentiment profond de déception, sachez que vous n'êtes pas seul(e), que le Seigneur, en toutes circonstances, est là pour vous consoler et vous soutenir. C'est aussi pourquoi il est préférable de mettre sa confiance en Dieu plutôt qu'en l'homme. Les êtres humains sont perfectibles, ils commettent souvent des erreurs qui nous font de la peine et nous déçoivent. Dieu, lui, tient toujours parole et ne déçoit jamais, tel qu'il est écrit dans Matthieu 24:35 lorsque Jésus dit : « Le ciel et la terre passeront, mais mes paroles ne passeront point. »

LA COLÈRE

> *« Si vous vous mettez en colère,
> ne péchez point ; que le soleil
> ne se couche pas sur votre
> colère. »*

— ÉPHÉSIENS 4:26

Dans sa lettre aux Éphésiens, l'apôtre Paul leur donne des conseils visant à leur permettre de mener une vie conforme aux enseignements de Jésus.

Dans ce verset, il reconnaît tout d'abord que la colère survient parfois, qu'elle est un sentiment naturel et compréhensible dans certaines situations. La colère fait partie de la nature humaine. Toutefois, cette colère ne doit jamais conduire les croyants à commettre des actions ou à prononcer des paroles pécheresses.

Dans la seconde partie de ce verset, il précise que le soleil ne doit pas se coucher sur cette colère, signifiant ainsi que ce sentiment négatif doit être enrayé au plus vite et qu'il ne faut jamais laisser la colère s'accumuler et perdurer au fil du temps. Ce conseil possède une double portée. D'une part, les conflits doivent être résolus rapidement car ils pourraient conduire, dans la durée, à des rancœurs et à des conflits dévastateurs. De la colère peut naître la guerre, raison pour laquelle il faut rechercher au plus tôt la réconciliation avec les autres. L'autre signification de ce conseil porte sur la gestion de votre propre colère qui peut, si elle n'est pas jugulée à temps, s'enraciner au plus profond de votre âme et prendre le contrôle de vos vies. Cette colère, lorsqu'on la laisse se répandre, peut causer des dommages de tout ordre, spirituels, relationnels et bien pire encore.

À la colère, il faut donc opposer la sagesse, l'amour, la réconciliation et le pardon, l'objectif étant de gérer notre colère d'une manière saine et constructive en suivant l'exemple de Jésus.

LE MÉCONTENTEMENT

> « *Ce n'est pas à cause de mes besoins que je dis cela, car j'ai appris à être content de l'état où je me trouve. Je sais vivre dans l'humiliation, et je sais vivre dans l'abondance. En tout et partout j'ai appris à être rassasié et à avoir faim, à être dans l'abondance et à être dans la disette.* »
>
> **— PHILIPPIENS 4:11-12**

S'adressant aux Philippiens, l'apôtre Paul partage son expérience personnelle et nous confie avoir vécu des moments parfois difficiles, comme le fait de traverser des périodes d'extrême précarité. Malgré les circonstances — heureuses ou malheureuses, plaisantes ou difficiles — Paul nous dit avoir appris à être toujours satisfait de son sort. Cet enseignement implique que si le contentement peut exister en toutes circonstances, le mécontentement ne peut être corrélé à des facteurs extérieurs tels que la richesse ou les conditions de vie. Le mécontentement, lorsqu'il s'exprime, ne peut en effet être le résultat que d'une attitude intérieure qu'il convient de maîtriser, qu'il faut apprendre à contrôler.

La véritable source de satisfaction réside en Christ. Il s'agit ici d'une attitude intérieure de confiance en Dieu. Comme Paul qui a appris à trouver son contentement en Dieu et à se reposer sur sa grâce, il est possible à chacun de nous d'apprendre à être heureux dans toutes les circonstances de la vie. Il faut cultiver une attitude de gratitude et de contentement en tous moments, en gardant à l'esprit que votre vraie satisfaction vient de Dieu et non des choses matérielles. Il ne s'agit pas d'être indifférent aux difficultés, ce qui serait contraire aux enseignements des apôtres, mais plutôt de trouver une paix et une force intérieure en plaçant votre confiance en Dieu et en étant reconnaissant(e) pour ce que vous avez.

L'ABANDON

> *« Ne crains rien, car je suis avec toi ; ne promène pas des regards inquiets, car je suis ton Dieu ; je te fortifie, je viens à ton secours, je te soutiens de ma droite triomphante. »*
>
> — ÉSAÏE 41:10

Dans ce verset, Dieu s'adresse à son peuple, affirmant sa présence et son soutien constant envers lui malgré les difficultés rencontrées.

Dans un premier temps, le verset s'ouvre sur un encouragement à ne pas avoir peur : « Ne crains rien, car je suis avec toi. » Dieu est toujours présent, à vos côtés en toutes circonstances. Il ne faut donc ni se sentir abandonné, car ce n'est jamais le cas pour celles et ceux qui ont la foi, ni avoir la crainte d'être un jour abandonné. Dans les situations de danger où lorsque vous êtes dans l'incertitude, IL est toujours avec vous.

Plus loin, il est écrit : « ne promène pas des regards inquiets, car je suis ton Dieu ». Nul besoin, une fois de plus, d'être inquiet ou anxieux à l'idée de se retrouver seul face à l'adversité et aux aléas de la vie. Dieu prendra toujours soin de vous.

Le verset se termine en affirmant que Dieu fortifie, vient en aide et soutient toujours son peuple de sa "droite triomphante". Cela signifie que Dieu est puissant et qu'il est prêt à intervenir pour secourir et protéger son peuple. Dieu est fort, et sa puissance est toujours à votre disposition pour vous protéger.

Dans les moments où vous vous sentez abandonné(e), seul(e) face aux difficultés, vous n'avez donc en réalité rien à craindre car Dieu nous a promis à tous son soutien constant et sa victoire sur nos difficultés.

LE SENTIMENT DE SOLITUDE

> *« Dieu donne une famille à ceux qui étaient abandonnés, il délivre les captifs et leur donne la prospérité ; mais les rebelles habitent des lieux arides. »*
>
> **—PSAUME 68:6**

Ce psaume met l'accent sur l'action de Dieu en faveur de ceux qui sont dans le besoin, ceux qui étaient abandonnés et opprimés. Dieu intervient pour leur accorder une famille, les libérer de la captivité et leur apporter bonheur et richesse. C'est une promesse réconfortante pour celles et ceux qui traversent des moments de solitude. La Bible conseille ainsi de se tourner vers Dieu car « L'Éternel est près de ceux qui ont le cœur brisé, et il sauve ceux qui ont l'esprit dans l'abattement » (Psaume 34:18)

En outre, il est toujours possible de trouver du réconfort dans la communauté de foi puisque la Bible encourage les croyants à se rassembler en communauté et à se soutenir les uns les autres. Se sentir membre d'une communauté avec laquelle on partage une croyance et des valeurs peut apporter un véritable soutien, tant sur le plan émotionnel que spirituel. C'est aussi pourquoi la Bible encourage les fidèles à ne pas se couper des autres. Il faut au contraire toujours s'efforcer de cultiver des relations significatives avec son entourage, que ce soit en famille, au travail, avec son voisinage ou ses amis.

Servir et aider les autres est aussi un bon moyen de ne jamais se sentir seul. Dans ce monde, il y a toujours plus malheureux que soi. Et chercher à aider ceux qui en ont le plus besoin permet de donner un sens à votre engagement chrétien car, comme Jésus nous l'a enseigné, le plus grand des commandements

est d'aimer Dieu de tout son cœur et d'aimer
son prochain comme soi-même :

> ^{37} « Jésus lui répondit : Tu ai-
> meras le Seigneur, ton Dieu,
> de tout ton cœur, de toute
> ton âme, et de toute ta
> pensée.
> ^{38} « C'est le premier et le plus
> grand commandement.
> ^{39} « Et voici le second, qui lui
> est semblable : Tu aimeras
> ton prochain comme toi-
> même. »

— MATTHIEU 22:37-39

Aider son prochain est une expression
pratique de cet amour. Cela implique de
porter attention aux besoins des autres,
d'être compatissant et de leur offrir un soutien concret. Et comme nous l'enseigne la
Bible, non seulement ce comportement vous
rapprochera de Dieu en vous éloignant de la
solitude, mais de surcroit il vous engagera de
la sorte dans un processus de réciprocité. En
aidant les autres avec un cœur sincère, vous

semez des graines de bénédiction qui vous reviendront d'une manière ou d'une autre, comme il est écrit dans les Sermons sur la montagne : « Donnez, et il vous sera donné : on versera dans votre sein une bonne mesure, serrée, secouée et qui déborde ; car on vous mesurera avec la mesure dont vous vous serez servis » (Luc 6:38). Cette générosité et cet altruisme, lorsqu'ils sont désintéressés, vous seront rendus par Dieu au-delà de ce que vous pouvez imaginer. Et cette sensation de solitude que vous ressentez parfois, dès lors que vous vous tournerez vers les autres — que ce soit pour partager votre foi ou pour aider une personne plus malheureuse que vous — disparaitra et se transformera dans le sentiment positif de participer à un mouvement de solidarité et de compassion qui vous dépasse.

LA FATIGUE

> *« Mais ceux qui se confient en l'Éternel renouvellent leur force. Ils prennent le vol comme les aigles ; ils courent, et ne se lassent point, ils marchent, et ne se fatiguent point. »*
>
> —ÉSAÏE 40:31

Ces paroles d'encouragement proviennent du livre d'Ésaïe dans lequel le prophète s'adresse au peuple d'Israël qui traverse alors une période particulièrement intense de difficultés et d'épreuves.

Le premier point que souligne ce verset réside dans la force de ceux qui se confient en l'Éternel. Il s'agit donc de ceux qui placent leur confiance en Dieu, et qui trouvent en retour, grâce à leur foi, une vigueur renouvelée. Il s'agit ainsi d'une promesse d'aide apportée par la puissance divine afin de faire face aux défis de la vie.

Le verset utilise ensuite une image poétique qui compare les croyants aux aigles, ces oiseaux majestueux et puissants qui volent haut dans les cieux et sont capables d'atteindre des sommets. Tel un aigle, agile, libre et puissant, celles et ceux qui ont la foi et placent leur confiance en Dieu peuvent s'élever au dessus des obstacles les plus difficiles à surmonter. Le verset précise qu'ils « ne se lassent point, marchent et ne se fatiguent point », la puissance conférée par Dieu aux croyants étant accompagnée d'une endurance à toute épreuve.

Malgré les difficultés, les obstacles et la fatigue, morale et physique, que tout un chacun peut ressentir au quotidien lorsque la vie ne se présente pas sous ses aspects les plus agréables, ce verset vous promet que c'est en plaçant votre confiance en Dieu que

vous trouverez la force et l'endurance nécessaires pour continuer à avancer.

Ce verset peut être accompagné de celui-
ci, dans lequel Jésus promet de donner du
repos aux âmes qui cherchent refuge en lui :

> *« Venez à moi, vous tous qui êtes*
> *fatigués et chargés, et je vous*
> *donnerai du repos. Prenez*
> *mon joug sur vous et recevez*
> *mes instructions, car je suis*
> *doux et humble de cœur ; et*
> *vous trouverez du repos pour*
> *vos âmes. Car mon joug est*
> *doux, et mon fardeau*
> *léger. »*
>
> — MATTHIEU 11:28-30

Ces paroles nous rappellent que lorsque
vous vous sentez épuisé(e) et éreinté(e),
Jésus est prêt à vous accueillir, à vous soutenir et à vous offrir un repos profond. En le
plaçant au centre de votre vie et en suivant
ses enseignements, vous pouvez ainsi
trouver une source de force et de renouvelle-
ment dans votre marche quotidienne.

LE STRESS

*« Ne vous inquiétez de rien ;
mais en toute chose faites
connaître vos besoins à Dieu
par des prières et des supplications, avec des actions de
grâces. Et la paix de Dieu,
qui surpasse toute intelligence, gardera vos cœurs et
vos pensées en Jésus-
Christ. »*

— PHILIPPIENS 4:6-7

Ce concept étant moderne, la Bible ne donne aucun conseil spécifique sur la gestion du stress. Elle offre toutefois des enseignements précieux qui vous permettront de trouver du réconfort dans une telle situation.

Le stress, affliction très courante dans nos sociétés contemporaines, se manifeste par de nombreux symptômes physiques et psychologiques tels que l'anxiété, l'insomnie, l'hyperémotivité, des tensions musculaires, des problèmes digestifs et intestinaux, de la nervosité, ou bien encore de la fatigue. Cette liste n'est malheureusement pas exhaustive et le stress peut revêtir différentes formes en fonction de son origine et du profil des personnes qui en souffrent. Mais dans tous les cas de figure, se soigner implique de trouver des activités qui auront pour vertu de vous apaiser. Et c'est sur ce point en particulier que la Bible est un allié de choix. De par sa nature même, elle encourage la réflexion, la contemplation et la méditation sur les enseignements de Dieu et sur sa parole. Or la méditation est dans ce cas bénéfique puisqu'elle implique de mettre fin à cette hyperactivité cérébrale qui vous submerge lorsque vous êtes en stress afin de porter une attention réfléchie à la Parole de Dieu. La Bible, par ses enseignements, vous encourage ainsi à chercher la paix intérieure. Elle vous invite aussi à remettre vos soucis dans les mains de l'Éternel en lui confiant vos interrogations et vos craintes (Philippiens 4:6-7).

Si votre stress est lié à de l'anxiété, c'est-à-dire un état de trouble psychique causé par la crainte d'un danger, la Bible offre aux fidèles un message d'espoir et la perspective d'un avenir meilleur en la présence aimante de Dieu, promesse qui apporte du réconfort et de la tranquillité d'esprit. « Ne vous inquiétez de rien » est-il écrit dans l'épître de Paul aux Philippiens. Si vous placez votre confiance en Dieu, vous serez promis d'expérimenter sa paix, une paix réconfortante et protectrice qui offre une tranquillité d'esprit inégalée.

LA LUTTE CONTRE LE PÉCHÉ ET LA TENTATION

> *« Aucune tentation ne vous est survenue qui n'ait été humaine, et Dieu, qui est fidèle, ne permettra pas que vous soyez tentés au-delà de vos forces ; mais avec la tentation IL préparera aussi le moyen d'en sortir, afin que vous puissiez la supporter. »*

—1 CORINTHIENS 10:13

Dans l'épître de Paul aux Corinthiens, l'apôtre répond à diverses préoccupations concernant la vie chrétienne. Dans ce verset, il s'intéresse en particulier à la tentation dont il souligne qu'elle est commune à tous les êtres humains. Vous n'êtes donc pas le seul à être confronté(e) à cette lutte interne. Mais fort heureusement, Dieu, dans sa fidélité, n'abandonne jamais personne et nous aide tous, lorsque cela est nécessaire, à lutter contre la tentation. En outre, comme indiqué dans le verset, IL ne permet pas que nous soyons « tentés au-delà de nos forces », signifiant qu'il connait nos limites, notre capacité à résister et qu'il ne permettra jamais que la tentation devienne insurmontable.

Dieu n'abandonne donc personne face à la tentation et donne toujours les ressources nécessaires pour la surmonter. Cependant, il incombe ici à chacun de faire un effort. La vaincre n'a rien d'un automatisme. Mais c'est Dieu qui offre à ses sujets soumis à la tentation les moyens de la surpasser et de ne pas retomber dans le péché. Cette lutte, interne à chaque croyant, est un processus continu dans la vie chrétienne. La Bible offre d'ailleurs de nombreux conseils pour nous aider à ne pas sombrer dans le péché, tels que la prière, la méditation ou la pratique de la discipline spirituelle.

Vaincre le péché, surmonter la tentation, si présente autour de nous dans notre quotidien, est l'un des objectifs que doit se fixer tout bon chrétien. Et n'oubliez jamais les paroles de Jacques, le frère de Jésus, qui dit avec justesse : « Heureux l'homme qui supporte patiemment la tentation ; car, après avoir été éprouvé, il recevra la couronne de vie, que le Seigneur a promise à ceux qui l'aiment. » (Jacques 1:12).

LA PEUR

« Car ce n'est pas un esprit de timidité que Dieu nous a donné, mais un esprit de force, d'amour et de sagesse. »

— 2 TIMOTHÉE 1:7

L'apôtre Paul s'adresse dans ce verset à son disciple Timothée afin de l'encourager dans son ministère. Il commence ici en rappelant que l'esprit de timidité n'a pas été donné à l'Homme par Dieu. La peur et la timidité sont des caractéristiques humaines qui n'ont rien de divines. À l'inverse, c'est un esprit de courage qui nous est offert par Dieu, une force destinée à nous permettre d'affronter les défis et les responsabilités de notre vie chrétienne. Cette force, dit-il également, est accompagnée d'un esprit d'amour, l'une des qualités essentielles dans la vie de tous les chrétiens. C'est un amour qui vient de Dieu lui-même, qui vous incline à aimer votre prochain en dépassant vos propres intérêts, et en mettant de ce fait vos difficultés personnelles de côtés. La compassion est ainsi en retour une véritable force. On ne règle jamais mieux ses problèmes et ses angoisses que lorsque l'on s'oublie au profit des autres.

Enfin, Paul souligne que Dieu offre à tous les croyants un esprit de sagesse qui permet à tout un chacun de comprendre et d'appliquer la vérité de Dieu dans votre vie, au quotidien.

Grace à la force, l'amour et la sagesse que vous confère Dieu, vous trouvez la force pour surmonter la peur, l'amour pour aimer les autres et la sagesse pour prendre des décisions selon sa volonté.

Lorsque vous avez peur, tournez-vous vers Dieu. Rappelez-vous qu'il a fait la promesse à tous les croyants de toujours être à leurs côtés, même lorsque le monde cessera : « Et voici, je suis avec vous tous les jours, jusqu'à la fin du monde. » (Matthieu 28:20). Placez votre confiance en Dieu afin de trouver du réconfort et de l'assurance. Nul besoin d'avoir peur car Dieu, en toutes circonstances, veille sur vous et pourvoira à vos besoins :

> *25 « C'est pourquoi je vous dis : Ne vous inquiétez pas pour votre vie de ce que vous mangerez, ni pour votre corps, de quoi vous serez vêtus. La vie n'est-elle pas plus que la nourriture, et le corps plus que le vêtement ?*
>
> *26 « Regardez les oiseaux du ciel : ils ne sèment ni ne moissonnent, et ils n'amassent rien dans des greniers ; et votre Père céleste les nourrit. Ne valez-vous pas beaucoup plus qu'eux ?*
>
> *27 « Qui de vous, par ses in-*

quiétudes, peut ajouter une coudée à la durée de sa vie ?

28 « Et pourquoi vous inquiéter au sujet du vêtement ? Considérez comment croissent les lis des champs : ils ne travaillent ni ne filent ;

29 « cependant je vous dis que Salomon même, dans toute sa gloire, n'a pas été vêtu comme l'un d'eux.

30 « Si Dieu revêt ainsi l'herbe des champs, qui existe aujourd'hui et qui demain sera jetée au four, ne vous vêtira-t-il pas à plus forte raison, gens de peu de foi ?

31 « Ne vous inquiétez donc point, et ne dites pas : Que mangerons-nous ? que boirons-nous ? de quoi serons-nous vêtus ?

32 « Car toutes ces choses, ce sont les païens qui les recherchent. Votre Père céleste

*sait que vous en avez
besoin.*

*33 « Cherchez premièrement le
royaume et la justice de
Dieu ; et toutes ces choses
vous seront données par-
dessus.*

*34 « Ne vous inquiétez donc pas
du lendemain ; car le lendemain aura soin de lui-
même. À chaque jour suffit
sa peine. »*

— MATTHIEU 6:25-34

LA PEUR DE VIEILLIR

« Les cheveux blancs sont une couronne d'honneur ; c'est dans le chemin de la justice qu'on la trouve. »

— PROVERBES 16:31

« C'est chez les vieillards qu'est la sagesse, et dans une longue vie l'intelligence. »

—JOB 12:12

—PROVERBES 20:29

Vieillir n'est pas chose redoutable. Ce processus naturel est même un privilège, une chance accordée par Dieu et valorisée par la Bible. Être âgé, c'est être à la fois sage et expérimenté. Le premier verset (Proverbes 16:31) compare les cheveux blancs, symbole de la vieillesse, à une couronne d'honneur, signifiant ainsi que le grand âge est digne d'admiration et de respect. Or, c'est en marchant sur le chemin de la justice, en suivant les voies justes et moralement bonnes, que l'on peut atteindre cette couronne. Il nous encourage ainsi à vivre de manière intègre, dans la justice et la droiture, nous garantissant que le vieillissement auquel personne ne peut échapper portera ses fruits. L'expérience accumulée au fil des années apporte en effet la sagesse et l'intelligence (Job 12:12), ce qui permet une profonde compréhension de la vie et des choses de Dieu.

Il ne faut donc pas avoir peur de vieillir, car si la gloire des hommes jeunes réside dans leur force, celle des personnes âgées se trouve dans la blancheur des cheveux (Proverbes 20:29), c'est-à-dire dans leur expérience et dans leur sagesse. C'est pourquoi la Bible nous invite à respecter nos aînés, comme il est écrit dans le livre du Lévitique : « Tu te lèveras devant les cheveux blancs, et tu honoreras la personne du vieillard » (Lévitique 19:32).

En outre, si la vieillesse vous fait peur car elle conduit souvent à la maladie et se finit toujours par la mort, sachez que Dieu est toujours à vos côtés, quelles que soient les circonstances. Si c'est la souffrance qui vous effraye, pensez aux enseignements du livre de l'Apocalypse car il ne faut jamais perdre espoir et la douleur, d'où qu'elle vienne, finira par disparaitre : « Il essuiera toute larme de leurs yeux, et la mort ne sera plus, et il n'y aura plus ni deuil, ni cri, ni douleur, car les premières choses ont disparu. » (Apocalypse 21:4). Quant au chemin vers la mort, rien de sert de le redouter puisque Dieu sera toujours là pour vous réconforter : « Même quand je marche dans la vallée de l'ombre de la mort, je ne crains aucun mal, car tu es avec moi : ta houlette et ton bâton me rassurent. » (Psaume 23:4).

LE DEUIL ET LA PEUR DE LA MORT

> *« Même quand je marche dans la vallée de l'ombre de la mort, je ne crains aucun mal, car tu es avec moi : ta houlette et ton bâton me rassurent. »*
>
> — PSAUME 23:4

*« Ne crains rien, car je suis avec
toi ; ne promène pas des regards inquiets, car je suis
ton Dieu ; je te fortifie, je
viens à ton secours, je te soutiens de ma droite
triomphante. »*

— ÉSAÏE 41:10

Le premier verset est extrait du célèbre Psaume 23, qui est souvent considéré comme l'un des plus beaux de la Bible. C'est un psaume de réconfort et d'encouragement. Il parle de la présence réconfortante et protectrice de Dieu, même au milieu des moments sombres et effrayants, y compris dans la vallée de l'ombre de la mort. Cette métaphore représente non seulement la mort en elle-même, mais aussi les moments de crise, les épreuves, les maladies et le deuil, périodes durant lesquelles il est naturel de se sentir vulnérable et effrayé. Cependant, malgré les circonstances difficiles et la peur de la mort, Dieu est là pour apporter sécurité, consolation et protection, et le croyant ne craint ainsi aucun mal. La houlette et le bâton mentionnés font référence à l'image d'un berger qui guide et protège son troupeau. Ils symbolisent ici le soin et la protection de Dieu, rappelant que vous n'êtes jamais seuls dans votre marche à travers les épreuves.

Le second verset (Ésaïe 41:10) rappelle la présence constante de Dieu et son engagement à venir en aide à ceux qui lui appartiennent. Il encourage à ne pas craindre, mais à trouver la force et la sécurité en se confiant en Dieu. Lorsque Dieu, s'adressant ici au peuple d'Israël, proclame : « Ne promène pas des regards inquiets, car je suis ton Dieu », IL lui indique qu'il ne faut pas porter un regard anxieux sur l'avenir. Et en ajoutant : « Je te fortifie, je viens à ton secours, Je te soutiens de ma droite triomphante », IL se déclare prêt, par sa puissance et sa victoire, à toujours secourir et soutenir ses disciples dans les moments les plus difficiles.

Ces versets vous rappellent donc que même face à la mort et au deuil, vous pouvez trouver la consolation, la protection et la force en Dieu. La prière, bien évidemment, constitue dans ces circonstances particulières un allié précieux. Et la Bible offre des principes et des promesses qui peuvent apporter du réconfort et de l'espoir dans ces moments difficiles. Elle vous encourage par exemple à exprimer votre douleur, à pleurer et à trouver du réconfort dans le partage de votre chagrin avec votre entourage. Jésus lui-même a dit : « Heureux les affligés, car ils seront consolés » (Matthieu 5:4). Cette consolation est essentielle. Elle constitue pour les croyants un soutien psychologique important car ils savent que « l'Éternel est près de ceux qui ont le cœur brisé, et il sauve ceux qui ont l'esprit dans l'abattement » (Psaume 34:18). Puis, au-delà de la perte d'un proche et de la tristesse qui en découle, il y a surtout cet espoir de la résurrection que vous devez garder à l'esprit. Pour les croyants, la Bible enseigne la promesse de la vie éternelle. Jésus a dit : « Je suis la résurrection et la vie. Celui qui croit en moi vivra, quand même il serait mort. » (Jean 11:25).

LA PERTE DE FOI

*« Pourquoi t'abats-tu, mon
âme, et gémis-tu au dedans
de moi ? Espère en Dieu, car
je le louerai encore ; Il est
mon salut et mon Dieu. »*

— PSAUME 42:12

Dans un monde tel que celui dans lequel nous vivons désormais, un monde au sein duquel le péché s'est répandu comme la pourriture dans un fruit abimé, il est facile de douter. La corruption, les catastrophes ou les guerres sont autant d'obstacles à votre croyance et peuvent parfois vous donner la sensation de perdre la foi. Pourtant, lorsque vous vous sentez abattu(e), il faut garder espoir en Dieu car IL est votre salut (Psaume 42:12) et qu'IL est digne d'être loué, même dans les moments de découragement.

Dieu est toujours à vos côtés, quelles que soient les circonstances, à chaque instant, en chaque lieu. Et la foi est essentielle dans la relation que vous entretenez avec lui car IL est « le rémunérateur de ceux qui le cherchent » (Hébreux 11:6), ce qui signifie qu'IL récompense ceux qui croient en lui et possèdent la foi.

Si vous doutez de son existence, « approchez-vous de Dieu, et il s'approchera de vous » (Jacques 4:8), même si votre foi est faible. La Bible est ici un outil fort utile. Sa lecture vous permettra de vous immerger dans la Parole de Dieu et de vous engager dans une recherche active de sa présence. La foi peut fluctuer dans la vie chrétienne, mais la grâce de Dieu est toujours disponible pour vous ramener à lui et vous renouveler spiri-tuellement.

LA TRISTESSE

*« Vous donc aussi, vous êtes
maintenant dans la tris-
tesse ; mais je vous reverrai,
et votre cœur se réjouira, et
nul ne vous ravira votre
joie. »*

— JEAN 16:22

*« Réjouissez-vous avec ceux qui
se réjouissent ; pleurez avec
ceux qui pleurent. »*

— ROMAINS 12:15

Juste avant d'être crucifié, conscient de la tristesse que ses disciples ressentiront lorsqu'ils seront séparés de lui, Jésus leur offre ces belles paroles gorgées d'espoir. En évoquant sa résurrection, il leur signifie que la peine qu'ils éprouvent à l'instant présent ne sera que temporaire et laissera place à une joie renouvelée lorsqu'ils le verront ressuscité. En outre, ce bonheur est à la fois durable et inviolable, il ne peut leur être enlevé même si les disciples doivent affronter dans ce monde des persécutions et de terribles épreuves. Il s'agit donc d'un message d'encouragement et de consolation aux disciples de Jésus, leur promettant une joie future malgré leur tristesse actuelle.

Dans les moments de tristesse, il est nécessaire de prendre conscience que celle-ci n'est pas destinée à perdurer. Elle ne peut être que temporaire et doit laisser place à cet espoir d'une joie future. La présence de Dieu vous réconforte, vous pouvez vous tourner vers lui afin de lui confier vos fardeaux et vos soucis. Ayez confiance en sa providence et vous trouverez la paix intérieure.

La communauté des fidèles est aussi un

refuge. La Bible encourage les croyants à se soutenir mutuellement et à partager leurs souffrances. Si vous êtes triste, n'hésitez donc pas à vous entourer de frères et sœurs afin de « pleurer avec ceux qui pleurent » (Romains 12:15) et rendre ainsi votre fardeau plus léger à porter.

LE CHAGRIN D'AMOUR

« L'Éternel est près de ceux qui
ont le cœur brisé, et il sauve
ceux qui ont l'esprit dans
l'abattement. »

— PSAUME 34:18

> *« L'Esprit du Seigneur, l'Éter-*
> *nel, est sur moi, car l'Éternel*
> *m'a oint pour porter de*
> *bonnes nouvelles aux mal-*
> *heureux ; il m'a envoyé pour*
> *guérir ceux qui ont le cœur*
> *brisé. »*
>
> —ÉSAÏE 61:1

> *« Réjouissez-vous avec ceux qui*
> *se réjouissent ; pleurez avec*
> *ceux qui pleurent. »*
>
> —ROMAINS 12:15

Le psaume 34:18 affirme que Dieu est proche de ceux qui ont le cœur brisé et qu'il est là pour les soutenir et les sauver. C'est un verset réconfortant. Il vous rappelle que même dans les moments de tristesse profonde, vous pouvez trouver un réconfort et une présence compatissante en Dieu.

Le psalmiste reconnaît que l'Éternel, c'est-à-dire Dieu, est proche de ceux qui ont le cœur brisé, ce qui signifie que même lorsque vous êtes submergé(e) par la tristesse, Dieu, qui n'est pas indifférent à votre souffrance, se tient à vos côtés pour vous soutenir.

Lorsqu'il est dit que Dieu « sauve ceux qui ont l'esprit dans l'abattement », cela implique que le Seigneur peut intervenir pour délivrer votre âme du chagrin dans lequel elle est plongée et vous apporter la paix intérieure.

Il est ainsi conseillé lorsque vous êtes dans le chagrin de vous tourner vers Dieu. Vous pouvez lui confier votre douleur et trouver sa présence réconfortante.

Laissez la grâce de Christ vous guider vers la guérison et la restauration. Jésus est venu pour « guérir ceux qui ont le cœur brisé » (Ésaïe 61:1) et apporter la rédemption.

Dans ces circonstances, la communauté de foi est aussi un refuge. Lorsque vous traversez un chagrin d'amour, entourez-vous de fidèles qui peuvent vous soutenir, prier pour vous et vous apporter du réconfort. N'ayez pas de crainte ni de honte de « pleurer avec ceux qui pleurent » (Romains 12:15), votre souffrance n'en sera que plus facile à supporter.

LE SENTIMENT DE CONFUSION

> *« Fais-moi connaître tes voies,
> Éternel ! Enseigne-moi tes
> sentiers. Conduis-moi dans
> ta vérité, et instruis-moi ;
> car tu es le Dieu de mon sa-
> lut, tu es toujours mon es-
> pérance. »*
>
> — PSAUME 25:4-5

> *« Confie-toi en l'Éternel de tout
> ton cœur, et ne t'appuie pas
> sur ta sagesse ; reconnais-le
> dans toutes tes voies, et il
> aplanira tes sentiers. »*
>
> — PROVERBES 3:5-6

Le psaume 25:4-5 exprime une prière à Dieu pour qu'il nous montre sa volonté et nous guide sur ses chemins. Il rappelle que Dieu est le Dieu de notre salut et notre source d'espoir même lorsque nous nous sentons perdus. En demandant à être enseigné et conduit dans la vérité, le fidèle comprend que la vérité de Dieu est essentielle pour prendre des décisions justes et marcher sur le bon chemin. Si vous êtes dans la confusion, que vous ne savez que faire, ni quel chemin prendre, placez votre confiance dans le Seigneur et permettez-lui de vous montrer ses voies, de vous guider sur les sentiers de sa vérité. Dieu vous guidera, il aplanira pour vous les sentiers (Proverbes 3:5-6).

Ces versets nous rappellent que lorsque vous vous sentez confus(e) et perdu(e), vous pouvez chercher la sagesse et la direction de Dieu. En se confiant à lui, vous pouvez chercher sa vérité et placer votre confiance en lui afin qu'il vous conduise sur le bon chemin.

LA DIFFICULTÉ DE FAIRE UN CHOIX

> *« Confie-toi en l'Éternel de tout ton cœur, et ne t'appuie pas sur ta sagesse ; reconnais-le dans toutes tes voies, et il aplanira tes sentiers. »*
>
> — PROVERBES 3:5-6

Dans la continuité du chapitre précédent sur les états de confusion, la Bible offre des enseignements précieux lorsque dans la vie vous êtes invités à faire des choix difficiles. Ces choix-là sont ceux dont l'issue est incertaine et peuvent avoir des conséquences importantes sur votre vie.

Ils peuvent par exemple concerner votre santé, votre famille, votre vie conjugale ou votre travail. Ils marquent des moments cruciaux qui rendent d'autant plus difficile le choix que vous avez à faire.

Dans ces moments particuliers, il est normal d'être en proie au doute, votre foi est alors un allié précieux. Ce passage de la Bible (Proverbes 3:5-6) vous enseigne l'importance de placer votre confiance en Dieu et de le reconnaître dans toutes vos voies. IL vous exhorte à vous abandonner complètement à lui, à lui confier vos pensées et vos émotions les plus profondes.

Il est en outre précisé qu'il ne faut pas vous appuyer sur votre sagesse. Il est en effet facile de ne vous fier qu'à votre instinct et à votre seule compréhension. Mais ce verset vous avertit de ne pas vous reposer uniquement sur vos propres capacités, de vous tourner vers Dieu et de rechercher sa sagesse et sa direction dans vos vies.

Si vous placez votre entière confiance dans le Seigneur, que vous le reconnaissez dans tous vos chemins, IL interviendra afin d'éclaircir vos voies.

LA CHANCE ET LA MALCHANCE

*« On jette au sort dans le pan de
la robe, mais toute décision
vient de l'Éternel. »*

— PROVERBES 16:33

*« Recommande ton sort à l'Éter-
nel, mets en lui ta confiance,
et il agira. »*

—PSAUME 37:5

Dans la Bible Louis Segond, le concept de "chance" ou de "malchance" est généralement abordé à travers la perspective de la providence divine et de la confiance en Dieu plutôt que par l'idée de chance ou de malchance. La Bible encourage à mettre sa confiance en Dieu et à chercher sa direction plutôt que de s'appuyer sur des notions de chance ou de malchance.

Le verset issu du livre des Proverbes (16:33) rappelle que, selon la Bible, même lorsqu'on jette le sort pour prendre une décision, en fin de compte, c'est Dieu qui détermine le résultat final. L'expression « Jeter au sort dans le pan de la robe » fait référence à une pratique ancienne de prendre une décision en utilisant le lancer de dés ou de petits objets dans le pan d'une robe. C'était une manière courante de faire des choix lorsque différentes options étaient disponibles. Cependant, même si cette pratique fut souvent utilisée pour prendre une décision, ce verset met en évidence le fait que Dieu est souverain et qu'il est le véritable décideur de toutes choses. Il souligne ainsi l'idée que notre confiance doit être placée en Dieu et dans sa souveraineté plutôt que dans une chance hypothétique.

Il est important de noter que la Bible encourage à chercher la sagesse de Dieu, à prendre des décisions sages et à suivre ses voies plutôt que de se fier à la chance. Elle nous exhorte à placer notre confiance en Dieu et à chercher sa volonté dans toutes nos voies. Recommandez toujours votre sort à l'Éternel (Psaume 37:5) car Dieu est fidèle et digne de confiance, et seul Dieu peut répondre à vos besoins selon sa volonté parfaite. Ayez confiance en sa providence, car IL a les clefs de votre avenir et sait mieux que vous, ce qui est bon pour vous.

LE MANQUE D'ARGENT

« L'amour de l'argent est une racine de tous les maux ; et quelques-uns, en étant possédés, se sont égarés loin de la foi, et se sont jetés eux-mêmes dans bien des tourments. »

—1 TIMOTHÉE 6:10

*« Ne te tourmente pas pour t'en-
richir, n'y applique pas ton
intelligence ; jette-y les
yeux, et il n'est plus ; car la
richesse se fait des ailes, et
comme l'aigle elle prend son
vol vers les cieux. »*

— **PROVERBES 23:4-5**

*« Et mon Dieu pourvoira à tous
vos besoins selon sa richesse,
avec gloire, en Jésus-
Christ. »*

— **PHILIPPIENS 4:19**

*« Considérez les corbeaux : ils ne
sèment ni ne moissonnent,
ils n'ont ni cellier ni grenier ; et Dieu les nourrit.
Combien ne valez-vous pas
plus que les oiseaux ! »*

— **LUC 12:24**

L'argent est devenu, à tort, l'un des éléments centraux de nos sociétés modernes. Au fil du temps, c'est tout un système qui s'est créé autour de l'argent. Mais s'il est vrai que nous en avons tous besoin pour vivre, il faut aussi prendre conscience des nombreux problèmes qu'engendre cet argent. La Bible nous met ainsi en garde contre l'avidité et l'attachement excessif à la richesse financière et matérielle, aux dépens de la richesse spirituelle. Devenu « racine de tous les maux », l'argent s'est transformé pour certains en agent de corruption et les a éloignés de Dieu.

Les richesses matérielles ne doivent donc jamais devenir une obsession. Nul besoin d'employer vos efforts et votre intelligence dans le but de s'enrichir, car cette forme de richesse est volatile, elle est comme « l'aigle qui prend son vol vers les cieux » (Proverbes 23:4-5) et peut disparaitre aussi rapidement qu'elle est apparue.

Il est d'autant plus inutile de se tourmenter pour l'argent que « Dieu pourvoira à tous vos besoins selon sa richesse » (Philippiens 4:19) Dieu, qui est à vos côtés en toutes circonstances, sera toujours capable de pourvoir à vos besoins matériels. Prenez l'exemple des corbeaux cité dans l'évangile de Luc (12:24). Ces oiseaux « ne sèment ni ne moissonnent, ils n'ont ni cellier ni grenier » et pourtant Dieu les nourrit. Il en ira de même avec vous. Si Dieu est en capacité de prendre soin des oiseaux, il prendra encore plus soin de vous, vous qui êtes l'un de ses enfants bien-aimés.

Votre bonheur ne peut uniquement dépendre de vos richesses matérielles. Ce bonheur, il se trouve ailleurs, dans des choses de plus grande valeur. Et s'il vous arrive d'avoir une quelconque richesse matérielle, il faut savoir être généreux et la partager avec celles et ceux qui sont plus démunis que vous. Il y a en effet toujours plus pauvre que soi, et la Bible vous encourage à donner sans contrainte ni tristesse aux autres, car « Dieu aime celui qui donne avec joie » (2 Corinthiens 9:7).

L'argent, nous l'avons dit, est aujourd'hui une nécessité. La Bible encourage d'ailleurs le travail qui permet de gagner sa vie honnêtement, et exhorte les croyants à pourvoir à leurs besoins et à ceux de leur famille, comme lorsqu'il est écrit par exemple : « Si quelqu'un ne veut pas travailler, qu'il ne mange pas non plus. » (2 Thessaloniciens 3:10). Mais dès lors que vos revenus permettent de subvenir à vos besoins élémentaires et à ceux de votre foyer, pourquoi vouloir s'obséder à accumuler des richesses qui n'auront pour effet que de vous éloigner de Dieu ? L'argent conduit presque toujours à la fraude, à la convoitise, à la malhonnêteté. Il est l'origine de tous les maux. Cessez de vous tourmenter pour l'argent, travaillez afin de gagner honnêtement votre vie et songez à partager avec les plus pauvres vos excédents financiers lorsque ceux-ci surviennent :

> 17 *« Si quelqu'un possède les biens du monde, et que, voyant son frère dans le besoin, il lui ferme ses entrailles, comment l'amour de Dieu demeure-t-il en lui ? »*
> 18 *« Petits enfants, n'aimons pas en paroles et avec la langue, mais en actions et avec vérité. »*

—1 JEAN 3:17-18

PROBLÈMES RELATIONNELS

LES PROBLÈMES FAMILIAUX

> *« Soyez toujours humbles, doux,*
> *patients, supportez-vous les*
> *uns les autres avec amour.*
> *Efforcez-vous de conserver*
> *l'unité de l'Esprit par le lien*
> *de la paix. »*

— ÉPHÉSIENS 4:2-3

Ce passage se trouve dans la lettre de l'apôtre Paul aux Éphésiens, où il exhorte les croyants à maintenir l'unité dans l'Église. Il y donne plusieurs conseils pratiques :

- Être humble, doux et patient car ce sont des attitudes qui favorisent l'harmonie. En effet, l'humilité nous invite à considérer les autres comme importants, la douceur se manifeste par de la bienveillance et du respect, quant à la patience, elle aide à tolérer les faiblesses et les erreurs des autres.
- Supporter les uns les autres avec amour, c'est-à-dire se soutenir mutuellement en cherchant le bien-être de son prochain et en manifestant à son égard une attitude de compréhension et de compassion.
- Préserver l'unité par la paix en restant dans l'esprit de Dieu. Il s'agit ici de tout faire pour maintenir et rétablir, lorsque cela est nécessaire, un lien d'amour et de réconciliation entre les croyants, et ce malgré les différences qu'ils ont parfois.

L'apôtre Paul exhorte donc les croyants à

cultiver des qualités telles que l'amour, la compassion et la patience, qui sont essentielles pour résoudre les problèmes familiaux et maintenir des relations harmonieuses. À cet effet, la prière, la communication ouverte et la recherche de solutions pacifiques peuvent également être des moyens efficaces de faire face à ces problèmes.

Rappelez-vous également que la Bible présente la famille comme un don de Dieu, une institution créée et bénie par lui. C'est aussi un cadre important où l'amour, le respect mutuel, l'éducation et la transmission des valeurs spirituelles doivent être valorisés. Chaque membre d'une famille doit ainsi se comporter d'une manière qui honore Dieu, comme il est écrit dans Colossiens 3:18-21 :

> [18] *« Femmes, soyez soumises à vos maris, comme il convient dans le Seigneur.*
> [19] *« Maris, aimez vos femmes, et ne vous aigrissez pas contre elles.*
> [20] *« Enfants, obéissez en toutes choses à vos parents, car cela*

est agréable dans le Seigneur.

[21] *« Pères, n'irritez pas vos enfants, de peur qu'ils ne se découragent. »*

LES PROBLÈMES AVEC LES AMIS

« L'ami aime en tout temps, et dans le malheur il se montre un frère. »

— PROVERBES 17:17

Ce verset met en valeur l'importance d'une amitié véritable et solide. Dans un premier temps, il souligne que l'ami aime en tout temps, c'est-à-dire qu'il est présent et fidèle, même lors des moments difficiles. L'amitié ne dépend donc pas des seuls moments de joie ou de succès, mais persiste et demeure solide dans les épreuves les plus difficiles.

Dans le malheur, il est dit que l'ami se comporte comme un frère. Un véritable ami est donc celui qui vous apporte du soutien dans les moments difficiles et vous manifeste de l'empathie lorsque vous avez le plus besoin d'aide et de réconfort. Cette amitié, indéfectible par nature, a pour effet de rendre plus légers vos fardeaux, vos souffrances.

Ce verset vous invite d'une part à savoir reconnaitre les vrais amis. Il arrive parfois d'être déçu par des personnes dont on croit, à tort, que ce sont des amis. Si tel est le cas, si ces amis ne le sont pas véritablement, votre problème prendra une autre dimension et sera moins difficile à supporter. Au contraire, si cet ami est véritable, l'amour que vous vous portez mutuellement finira par dissiper les nuages qui émergent dans votre relation. Il est possible d'être momentanément en froid avec un ami, mais nul doute que la mésentente entre vous ne durera pas, car vous devez placer votre confiance dans la relation qui vous unit et dans l'amour qui finit toujours par vaincre.

En outre, et c'est là l'autre aspect de ce verset, celui-ci vous invite à cultiver des relations amicales profondes et significatives basées sur l'amour, la loyauté et le soutien mutuel. Ces amitiés sont d'autant plus importantes qu'elles contribuent à notre croissance spirituelle et personnelle, comme il est dit dans Proverbes 27:17 :

> *« Le fer s'aiguise par le fer ; ainsi*
> *un homme s'aiguise-t-il par*
> *le contact avec autrui. »*

Tout comme le fer aiguise le fer, les amis peuvent se soutenir mutuellement, se stimuler et se perfectionner dans leur cheminement de vie. Les amis véritables peuvent ainsi avoir un impact positif sur votre caractère, votre sagesse et votre développement. Ils peuvent vous aider à grandir et à devenir de meilleures personnes.

LES RELATIONS CONJUGALES

« Soyez toujours humbles, doux, patients, supportez-vous les uns les autres avec amour. Efforcez-vous de conserver l'unité de l'Esprit par le lien de la paix. »

— ÉPHÉSIENS 4:2-3

*« Revêtez-vous donc, comme des
élus de Dieu, saints et bien-
aimés, d'entrailles de misé-
ricorde, de bonté, d'humilité, de douceur, de patience.
Supportez-vous les uns les
autres, et, si l'un a sujet de
se plaindre de l'autre, pardonnez-vous réciproque-
ment. De même que Christ
vous a pardonné, pardon-
nez-vous aussi. Mais par-
dessus toutes ces choses revêtez-vous de l'amour, qui est
le lien de la perfection. »*

— COLOSSIENS 3:12-14

*« L'amour est patient, il est
plein de bonté ; l'amour
n'est pas envieux ; l'amour
ne se vante pas, il ne s'enfle
pas d'orgueil, il ne fait rien
de malhonnête, il ne cherche
pas son intérêt, il ne s'irrite
pas, il ne soupçonne pas le*

mal, il ne se réjouit pas de l'injustice, mais il se réjouit de la vérité ; il pardonne tout, il croit tout, il espère tout, il supporte tout. »

—1 CORINTHIENS 13:4-7

« Maris, montrez à votre tour de la sagesse dans vos rapports avec vos femmes, comme avec un sexe plus faible ; honorez-les, comme devant aussi hériter avec vous de la grâce de la vie. Qu'il en soit ainsi, afin que rien ne vienne faire obstacle à vos prières. »

—1 PIERRE 3:7

La Bible offre de nombreux enseignements sur les relations conjugales et donne des conseils sur la manière dont les époux doivent se comporter l'un envers l'autre. Plusieurs points méritent ici d'être soulignés.

En premier, le mariage s'accompagne d'un engagement de fidélité, l'une des valeurs fondamentales pour maintenir une relation conjugale solide et durable. Cette fidélité est associée à la notion de respect mutuel.

Le second point, et sans doute le plus important, concerne l'amour ainsi qu'une soumission l'un à l'autre qui s'opère par cet amour. Il faut aimer comme Christ a aimé l'Église et prendre soin de son conjoint. Cet amour est un amour désintéressé.

Le troisième point que nous pouvons relever traite de la communication et de la compréhension. La Bible souligne ainsi l'importance d'être à l'écoute de l'autre dans toute relation conjugale. Les époux sont encouragés à partager leurs pensées, leurs sentiments et leurs préoccupations dans une communication qui vise à rechercher l'harmonie dans le mariage. Cette recherche constante d'harmonie implique la volonté de résoudre les conflits de manière pacifique. C'est en communiquant que l'on favorise la réconciliation plutôt que la division. Et comme la relation qui unit les époux est basée sur l'amour, ceux-ci sont appelés à être patients, tolérants et à exercer leur pardon envers leur conjoint.

Les versets qui ont été cités précédemment mettent ainsi en évidence des principes importants pour les relations conjugales, tels que l'amour, la patience, l'humilité, le pardon, le respect mutuel et l'unité. Ils nous encouragent en toutes circonstances à adopter une attitude de compassion, de compréhension et de soutien envers notre conjoint(e), et à rechercher la paix et l'harmonie dans notre relation.

Si vous rencontrez des difficultés dans votre relation conjugale, si des conflits surgissent, rappelez-vous des vœux de mariage que vous vous êtes engagé(e) à honorer. Rappelez-vous de la responsabilité qui vous incombe à l'égard de votre époux ou de votre épouse. Par amour, soyez patient, à l'écoute, montrez-vous compréhensif et enclin à pardonner. L'amour, comme il est dit dans la première lettre de l'apôtre Paul aux corinthiens « pardonne tout, croit tout, espère tout et supporte tout. » (Hymne à l'amour, 1 Corinthiens 13)[1].

1. Dans certaines traductions, le mot amour est rem-
    placé dans ce passage par le terme « charité »
    souvent utilisé pour traduire le mot grec « agapè »,
    qui se réfère à un amour désintéressé et altruiste.

LES RELATIONS AVEC LES PARENTS

« Enfants, obéissez à vos parents, selon le Seigneur, car cela est juste. Honore ton père et ta mère (ce qui est le premier commandement avec une promesse), afin que tu sois heureux et que tu vives longtemps sur la terre. »

— ÉPHÉSIENS 6:1-3

*« Écoute ton père, lui qui t'a en-
gendré, et ne méprise pas ta
mère, quand elle est devenue
vieille. »*

— PROVERBES 23:22

*« Car Dieu a dit : Honore ton
père et ta mère ; et : Celui
qui maudira son père ou sa
mère sera puni de mort.
Mais vous, vous dites : Celui
qui dira à son père ou à sa
mère : Ce dont j'aurais pu
t'assister est une offrande à
Dieu, n'est pas tenu d'honorer son père ou sa mère.
Vous annulez ainsi la parole
de Dieu au profit de votre
tradition. »*

— MATTHIEU 15:4-6

Ces versets soulignent l'importance de l'obéissance et de l'honneur envers les parents. Ils nous rappellent que respecter et honorer nos parents est juste aux yeux de

Dieu et promet une bénédiction pour notre vie. Il ne faut jamais les mépriser et toujours les écouter attentivement même lorsqu'ils vieillissent et quelle que soit leur situation.

Dans le troisième passage que nous avons cité (Matthieu 15:4-6) deux commandements de l'Ancien Testament sont cités :

- « Honore ton père et ta mère »
  (Exode 20:12)
- « Celui qui maudira son père ou
  sa mère sera puni de mort »
  (Exode 21:17, Lévitique 20:9)

Ces deux commandements soulignent l'importance de l'honneur et du respect envers les parents.

La suite de ce passage s'explique de la manière suivante. Il s'agit ici d'une conversation entre Jésus, les Pharisiens et des spécialistes de la loi venus à Jérusalem pour le rencontrer. Jésus met ici en évidence l'hypocrisie des Pharisiens et des scribes en montrant comment ils contournent l'obligation d'honorer leurs parents en utilisant une tradition qu'ils ont créée. Selon leur tradition, s'ils consacrent leurs biens à Dieu en les déclarant comme une offrande, ils sont libérés de leur responsabilité d'assister financièrement leurs parents, ce qui va à l'encontre de l'enseignement de Dieu. En critiquant leur pratique, Jésus souligne donc que les commandements de Dieu sont prioritaires sur les traditions humaines et met en garde contre les excuses qui pourraient justifier le manque de respect ou de soutien envers nos parents.

Si vous êtes en conflit avec vos parents, rappelez-vous donc des obligations qui vous incombent à leur égard. Songez à l'amour que vous partagez, faites preuve de patience envers eux, efforcez-vous de rétablir une communication apaisée et engagez toute votre sagesse afin de vous réconciliez, comme nous l'enseigne Dieu.

Précisons toutefois que dans les cas de conflits qui portent sur des sujets graves allant au-delà de la simple querelle, n'hésitez pas à vous confier à des professionnels compétents qui trouveront les moyens de vous aider. Le fait de demander de l'aide lorsque la situation l'exige n'a rien de contraire aux enseignements contenus dans la Bible. Bien au contraire. Il est par exemple enseigné dans l'Ancien Testament que Dieu est notre secours et qu'il peut utiliser d'autres personnes pour nous venir en aide. De même, dans le Nouveau Testament, l'apôtre Paul écrit dans Galates 6:2 : « Portez les fardeaux les uns des autres, et vous accomplirez ainsi la loi de Christ. » Cette exhortation montre l'importance de demander de l'aide aux autres et de partager nos fardeaux. Il est également souligné que nous devons être prêts à aider les autres lorsque nous en avons l'occasion, la Bible encourageant les croyants à se soutenir mutuellement.

LES RELATIONS AVEC LES ENFANTS

> *« Instruis l'enfant selon la voie qu'il doit suivre ; et quand il sera vieux, il ne s'en détournera pas. »*

— PROVERBES 22:6

> *« Pères, n'irritez pas vos enfants, mais élevez-les en les corrigeant et en les instruisant selon le Seigneur. »*

— ÉPHÉSIENS 6:4

« Pères, n'irritez pas vos enfants,
de peur qu'ils ne se dé-
couragent. »

— COLOSSIENS 3:21

La Bible offre aux croyants de nombreux conseils qui peuvent être appliqués en cas de problèmes avec ses enfants. Les passages cités précédemment mentionnent des principes utiles à cet égard.

En premier, la Bible encourage les parents à enseigner à leurs enfants des principes moraux. Comme l'indique le verset 22:6 issu des Proverbes, l'éducation et la discipline appropriés peuvent aider à corriger les comportements problématiques des enfants et les guider durablement dans la bonne voie, c'est-à-dire vers le bien.

En second lieu, la Bible encourage les parents à faire preuve d'amour et de patience. Il n'est point nécessaire de les irriter. Votre patience et votre amour sont essentiels pour maintenir une bonne relation avec vos enfants et leur offrir ainsi un environnement positif dans lequel grandir de bonne manière, et cela sans prendre le risque de les décourager. Bien grandir n'est pas chose facile et votre rôle de parent est d'être aux côtés de vos enfants afin de les encourager, de jour en jour, à découvrir le meilleur d'eux-mêmes.

À l'égard de leurs enfants, il est conseillé aux parents de toujours s'efforcer de donner le bon exemple et d'avoir, au quotidien, une conduite de vie qui respecte les principes bibliques. Comme il est dit dans Proverbes 20:7, « Le juste marche dans son intégrité ; Heureux ses enfants après lui ! ». Si vous êtes exemplaires, votre comportement sera une source d'inspiration pour vos enfants et les incitera à rester dans la droiture. Dans le cas inverse, des parents irrespectueux des principes et des valeurs de la Bible, auront forcément plus de mal à corriger leurs enfants lorsque cela sera nécessaire. Il faut en ce sens faire preuve d'exemplarité.

En résumé, si vos enfants adoptent un comportement qui ne vous semble pas correct, si des difficultés surgissent dans votre relation avec eux, n'oubliez pas de vous montrer exemplaires et patients, de toujours chercher à les guider par amour dans la bonne voie sans les irriter ou les décourager. Être parent est un défi permanent face auquel la Bible peut apporter un soutien considérable. Elle est une source d'inspiration et contient de nombreux conseils, comme dans le livre des Proverbes et de l'Ecclésiaste qui regorgent de sagesse pratique sur la manière d'élever les enfants, de les instruire, de les corriger et de les guider dans la voie de la sagesse.

LES PROBLÈMES AVEC LES VOISINS OU LES COLLÈGUES DE TRAVAIL

« *Heureux ceux qui procurent la paix, car ils seront appelés fils de Dieu.* »

— MATTHIEU 5:9

« *Commencer une querelle, c'est ouvrir une digue ; Avant que la dispute s'anime, retire-toi.* »

— PROVERBES 17:14

*« C'est une gloire pour l'homme
de s'abstenir de querelle,
mais tout insensé s'y
engage. »*

—PROVERBES 20:3

*« Sachez-le, mes frères bien-
aimés. Ainsi, que tout
homme soit prompt à écou-
ter, lent à parler, lent à se
mettre en colère ; car la colère de l'homme n'accomplit
pas la justice de Dieu. »*

—JACQUES 1:19-20

Le premier verset (Matthieu 5:9) se trouve dans les Béatitudes, une série de bénédictions prononcées par Jésus lors du sermon sur la montagne. Il y donne notamment des enseignements précieux sur les attitudes et les caractéristiques du Royaume de Dieu. Dans ce verset, Jésus nous exhorte à être des faiseurs de paix, à rechercher activement la réconciliation et l'harmonie dans nos relations avec les autres.

Être un artisan de la paix signifie travailler à résoudre les conflits, promouvoir l'amour, la compréhension et la réconciliation, et agir de manière pacifique et bienveillante envers les autres. Cela implique de tendre la main, d'écouter avec empathie, de pardonner, de chercher des solutions bénéfiques à tous et de cultiver des relations basées sur la paix et l'unité.

En tant que disciples de Jésus, nous sommes appelés à refléter son caractère et son amour en étant des agents de paix dans le monde qui nous entoure. En incarnant les valeurs de l'Évangile, nous témoignons de notre relation avec Dieu et de notre appartenance à sa famille.

Porter la paix où que nous allions, chercher des opportunités de réconciliation dans les situations conflictuelles et cultiver en tous temps des relations pacifiques et harmonieuses avec les autres, tel que nous l'enseigne la Bible, suppose aussi de tout faire pour éviter les querelles. C'est le sens du second verset que nous avons choisi (Proverbes 17:14). Celui-ci nous met en garde contre le commencement des querelles, comparé ici à une brèche dans une digue. Dès que le barrage menace de se briser, face au danger d'une dispute naissante qui pourrait prendre de l'ampleur et se transformer en torrent déchainé, il est sage de s'en éloigner. Il faut donc éviter d'alimenter les disputes et les querelles en se retirant le plus tôt possible, avant que la situation ne devienne incontrôlable et potentiellement dangereuse. Cela peut signifier garder le silence, refuser de s'engager dans des échanges de paroles blessantes ou chercher une solution pacifique plutôt que de prolonger le conflit. Se comporter de la sorte, faire preuve de prudence et de sagesse dans vos interactions avec les autres, c'est être, comme mentionné antérieurement, un bon fils de Dieu (Matthieu 5:9). À l'inverse de l'homme glorieux qui s'abstient de toutes querelles, celui qui s'engage dans cette voie manque de sagesse, c'est un insensé (Proverbes 20:3).

Si toutefois vous vous retrouvez dans une situation conflictuelle, avec un voisin ou un collègue de travail par exemple, efforcez-vous donc d'être un artisan de la paix. Engagez-vous dans un effort de réconciliation et comme il est écrit dans Jacques 1:19-20, soyez

« prompt à écouter, lent à parler, lent à vous mettre en colère », car la colère de l'homme n'accomplit pas la justice de Dieu.

ACCORDER LE PARDON ET SE FAIRE PARDONNER

« Soyez bons les uns envers les autres, compatissants, vous pardonnant réciproquement, comme Dieu vous a pardonné en Christ. »

—ÉPHÉSIENS 4:32

« Supportez-vous les uns les autres, et, si l'un a sujet de se plaindre de l'autre, pardonnez-vous réciproquement. De même que Christ vous a pardonné, pardonnez-vous aussi. »

— COLOSSIENS 3:13

« Si vous pardonnez aux hommes leurs offenses, votre Père céleste vous pardonnera aussi ; mais si vous ne pardonnez pas aux hommes, votre Père ne vous pardonnera pas non plus vos offenses. »

— MATTHIEU 6:14-15

Dans la Bible, la question du pardon tient une place très importante. Savoir accorder son pardon est l'une des attitudes les plus « valorisées » pour tout bon chrétien. « Soyez bons les uns envers les autres, compatissants, vous pardonnant réciproquement » peut-on lire dans l'épître de Paul aux Éphésiens (4:32). Paul encourage ici les croyants à être bienveillants, aimables et généreux dans leurs interactions les uns avec les autres. Il faut aussi ressentir de la compassion à leur égard, en étant par exemple sensible à leurs souffrances, et être toujours enclin à leur accorder le pardon. Paul exhorte ainsi les croyants à se pardonner mutuellement, à laisser de côté les offenses, les griefs ou les ressentiments qu'ils pourraient avoir les uns envers les autres. Le pardon implique de renoncer à la colère, à la vengeance et à la rancune, et invite à rechercher la réconciliation. Ce comportement est conforme à celui de Dieu qui « vous a pardonné en Christ ». Par sa grâce, Dieu a pardonné les péchés des croyants à travers la mort et la résurrection de Jésus-Christ. Les croyants sont donc encouragés à imiter le pardon de Dieu envers eux en pardonnant aux autres : « De même que Christ vous a pardonné, pardonnez-vous aussi » (Colossiens 3:13). Et cette capacité à pardonner les autres est d'autant plus importante que la Bible vous met en garde. Si vous voulez recevoir le pardon de Dieu, il vous faut d'abord être prêt à pardonner aux autres : « Si vous ne pardonnez pas aux hommes, votre Père ne vous pardonnera pas non plus vos offenses » Matthieu 6:14-15.

Le pardon est donc très important. Il ne signifie pas ignorer ou excuser le mal, mais plutôt renoncer à la vengeance et à la rancune, laissant la justice entre les mains de Dieu. Le pardon permet de restaurer les relations, de favoriser la réconciliation et de vivre en harmonie les uns avec les autres.

Il est parfois difficile d'accorder son pardon, mais il est parfois tout aussi difficile, après avoir commis une faute ou une erreur, de demander pardon. Selon la Bible, le moyen de se faire pardonner repose en premier lieu sur la repentance et la confession des péchés. Pour se faire pardonner, il faut d'abord reconnaître ses fautes, les confesser et se repentir avec sincérité. « Repentez-vous donc et convertissez-vous, pour que vos péchés soient effacés » (Actes 3:19). Après avoir fauté, vous devez donc vous repentir de vos péchés et changer de direction en vous tournant vers Dieu. C'est la sincérité de votre attitude qui déterminera votre capacité à être pardonné(e), que ce soit par votre prochain ou Dieu lui-même.

LA PRIÈRE EN TOUTES CIRCONSTANCES

« *Priez sans cesse.* »

—1 THESSALONICIENS 5:17

« *Faites en tout temps par l'Esprit toutes sortes de prières et de supplications. Veillez à cela avec une entière persévérance, et priez pour tous les saints.* »

— ÉPHÉSIENS 6:18

> *« Ne vous inquiétez de rien ;*
> *mais en toute chose faites*
> *connaître vos besoins à Dieu*
> *par des prières et des suppli-*
> *cations, avec des actions de*
> *grâce. Et la paix de Dieu,*
> *qui surpasse toute intelli-*
> *gence, gardera vos cœurs et*
> *vos pensées en Jésus-*
> *Christ. »*

— PHILIPPIENS 4:6-7

> *« Quand les justes crient,*
> *l'Éternel entend, Et IL les*
> *délivre de toutes leurs dé-*
> *tresses. »*

— PSAUME 34:17

La prière est considérée comme essentielle pour les chrétiens. Elle est un moyen de communiquer avec Dieu, d'exprimer notre adoration, de lui présenter nos besoins, de demander son pardon, de chercher sa direction et de lui offrir notre gratitude.

Jésus-Christ lui-même a montré l'importance de la prière pendant son ministère terrestre. Il a souvent retiré du temps pour prier, enseignant également à ses disciples comment prier et leur donnant le modèle de prière connu sous le nom du "Notre Père" :

> *9 « Voici donc comment vous devez prier : Notre Père qui es aux cieux ! Que ton nom soit sanctifié ;*
>
> *10 « que ton règne vienne ; que ta volonté soit faite sur la terre comme au ciel.*
>
> *11 « Donne-nous aujourd'hui notre pain quotidien ;*
>
> *12 « pardonne-nous nos offenses, comme nous aussi nous pardonnons à ceux qui nous ont offensés ;*
>
> *13 « ne nous induis pas en tentation, mais délivre-nous du malin. Car c'est à toi qu'appartiennent, dans tous les siècles, le règne, la puissance et la gloire. Amen ! »*

La Bible encourage ainsi les croyants à prier constamment et dans toutes les circonstances (1 Thessaloniciens 5:17, Éphésiens 6:18) car Dieu est accessible et attentif aux prières de ses enfants, IL « entend les justes qui crient, et il les délivre de toutes leurs détresses » (Psaume 34:17).

La prière, lorsqu'elle est pratiquée avec sincérité, est bénéfique en tout. Si vous êtes persévérant dans votre pratique, Dieu répondra à vos demandes. « Demandez, et l'on vous donnera ; cherchez et vous trouverez ; frappez et l'on vous ouvrira » (Matthieu 7:7) peut-on lire dans l'évangile selon Matthieu. En outre, la prière ne doit pas être uniquement destinée à l'expression de requêtes. Elle permet aussi et surtout de renforcer votre lien avec Dieu et doit être pratiquée aussi intensément dans les moments de souffrance que dans les moments de joie : « Quelqu'un parmi vous est-il dans la souffrance ? Qu'il prie. Quelqu'un est-il dans la joie ? Qu'il chante des cantiques » (Jacques 5:13).

Les effets positifs de la prière sont remarquables, tant sur le plan spirituel et psychologique que sur le plan physique. Elle vous apporte :

- La paix intérieure et la tranquillité d'esprit : « Ne vous inquiétez de rien ; mais en toute chose faites connaître vos besoins à Dieu par des prières » (Philippiens 4:6)
- Le soulagement des inquiétudes : « Déchargez-vous sur Dieu de tous vos soucis, car lui-même prend soin de vous » (1 Pierre 5:7)
- La force et le réconfort en période de difficultés : « Dieu est pour nous un refuge et un appui, un secours qui ne manque jamais dans la détresse. C'est pourquoi nous sommes sans crainte quand la terre est bouleversée, Et que les montagnes chancellent au cœur des mers » (Psaume 46:2-3)
- La sagesse : « Si quelqu'un d'entre vous manque de sagesse, qu'il l'a demande à Dieu, qui donne à tous simplement et sans reproche, et

elle lui sera donnée » (Jacques
1:5)
- Le pardon des péchés : « Si nous
  confessons nos péchés, il est
  fidèle et juste pour nous les
  pardonner, et pour nous purifier
  de toute iniquité » (1 Jean 1:9)
- L'intimité avec Dieu : « Mais
  quand tu pries, entre dans ta
  chambre, ferme ta porte, et prie
  ton Père qui est là dans le lieu
  secret ; et ton Père, qui voit dans
  le secret, te le rendra » (Matthieu
  6:6)

Sur les bienfaits physiques de la prière,
Alexis Carrel, prix Nobel de médecine en
1912, publia un ouvrage de référence dans lequel il souligne avec justesse que « le calme
engendré par la prière est une aide puissante
à la thérapeutique ». Ses observations sur le
pouvoir de la prière furent faites en grande
partie après avoir étudié, au sein du bureau
médical de Lourdes, les guérisons des malades venus en pèlerinage. Dans cet ouvrage,
il écrit ainsi :

« On dirait que dans la profondeur de la conscience une flamme s'allume. (...) Ainsi s'ouvre devant lui le royaume de la Grâce...Peu à peu il se produit un apaisement intérieur, une harmonie des activités nerveuses et morales, une plus grande endurance à l'égard de la pauvreté, de la calomnie, des soucis, la capacité de supporter sans faiblir la perte des siens, la douleur, la maladie, la mort. Aussi le médecin qui voit un malade se mettre à prier peut-il se réjouir. »

— A. CARREL, LA PRIÈRE, 1944.

Dans un monde qui n'a de cesse de multiplier les sources d'inquiétudes, la prière, pratique essentielle pour tout bon chrétien, possède donc, sans contestation possible, des vertus bienfaisantes pour l'esprit et le corps. Elle est fondamentale car elle favorise l'intimité avec Dieu, renforce la relation avec lui, apporte guidance et réconfort en vous permettant d'obtenir des réponses à vos questions et du soutien dans les moments difficiles de la vie.

www.ingramcontent.com/pod-product-compliance
Lightning Source LLC
Chambersburg PA
CBHW010332140726
47989CB00008BA/3048

9791029915000